VIVERE

SANI E FELICI

CON LA

BALANCED SCORECARD PERSONALE

Roberto Pugliese

LyL Projects Team

ISBN
978-1-326-26840-4

ATTENZIONE

"Failing to plan is planning to fail."

"Non pianificare è come pianificare di fallire"

Alan Lakein

INDICE

Prefazione

LyL Projects e' un idea, un sogno che diventa realtà. È l'idea di un'azienda che vuole proporre ai suoi clienti il risultato dei suoi progetti e della sua attività di ricerca: un insieme di prodotti capaci di coniugare tecnologia, innovazione e natura.

LyL Projects si rivolge a chi vuole vivere la propria vita pienamente in salute e benessere attraverso prodotti innovativi che partano dai principi primi, da ciò di cui ciascuno di noi ha bisogno: acqua, luce, aria, equilibrio.

La LyL Projects è un'azienda organizzata per progetti. In questo momento stiamo lavorando a diverse iniziative seguendo diverse linee di programma, tra questi vi è anche il benessere personale in senso lato, sia fisico che mentale. Scopo di questa breve pubblicazione è spiegare in modo molto semplice cosa sono le balanced scorecard personali e come utilizzarle per gestire in modo bilanciato i diversi aspetti della propria vita.

Buona lettura.

Introduzione

Qualche tempo fa, frequentando i corsi di Controllo di Gestione e Sviluppo Manageriale, parte del programma dell'Executive Master in Business Administration del MIB, la scuola di management di Trieste, ho avuto una specie di intuizione.

La multi-disciplinarietà offre, infatti, la possibilità di cogliere aspetti simili in discipline diverse e di applicare e adattare le metodologie sviluppate in una disciplina ad un'altra disciplina, in un contesto diverso. In questo caso le metodologie di controllo strategico e, in particolare, il concetto di Balanced Scorecard appresi nel corso di Controllo di Gestione, sono stati applicati allo Sviluppo Manageriale ed in particolare allo sviluppo e alla crescita personale.

L'idea esplorata in un progetto è stata ulteriormente elaborata ed è diventata un formidabile strumento per lo sviluppo manageriale e la crescita personale.

Se ci pensiamo un attimo, indubbiamente l'uomo è un sistema complesso inserito in un sistema altrettanto complesso, ossia, un sistema in cui gli elementi subiscono continue modifiche, singolarmente prevedibili, ma del quale non è possibile, o è molto difficile, prevedere uno stato futuro. Altri esempi di sistemi complessi sono i sistemi economici, i sistemi sociali e le aziende.

Partendo da questo presupposto nasce l'idea di utilizzare uno strumento per il controllo strategico delle aziende (la Balanced Scorecard) come strumento di coaching per chi vuole diventare leader e manager di se stesso. Se l'uomo è un sistema complesso in un ambiente complesso, come le aziende che sono sistemi complessi in ambienti complessi, allora alcune tecniche utilizzabili per le aziende possono essere trasferite all'uomo.

Molto spesso, non so se capita anche a voi, andiamo avanti alla deriva o magari con qualche idea, quasi mai formalizzata, dei nostri sogni, del mondo in cui vorremmo essere e di chi vorremmo essere in quel mondo. In altri termini non abbiamo un'idea precisa delle nostre mission e vision.

Talvolta, buttiamo giù degli obiettivi più o meno strutturati ma poi ce ne dimentichiamo e viviamo i nostri giorni in modo reattivo, sopravvivendo agli eventi che ci capitano senza una vera e propria guida, senza una vera e propria sensazione di controllo.

Il risultato è che, in qualche modo, ci muoviamo nella direzione giusta, seguendo l'istinto e anche un po' di fortuna ma molto meno efficacemente di quanto potremmo. Nello stesso modo, gestiamo il nostro tempo, facciamo quello che ci capita di fare e non quello che dovremmo fare.

Ritornando all'ambito aziendale, è ormai noto che le aziende che ottengono i risultati migliori sono quelle che riescono a trovare un modo di tradurre la strategia, la mission e la vision, in qualcosa di più concreto, in un budget, in un piano di lavoro, nella vita di ogni giorno dei propri dipendenti. In altri termini, le aziende migliori sono le aziende che sono capaci di eseguire la strategia.

Un vecchio detto dice: «You don't get what you want, you get what you measure», che tradotto significa: «Non ottieni ciò che vuoi, ottieni ciò che sei in grado di misurare». Per raggiungere dei buoni risultati, non basta che lo vogliamo, ma è necessario trovare un modo per misurare il nostro progresso verso gli obiettivi che ci prefissiamo, pianificare e poi eseguire delle azioni concrete che ci permettano di raggiungerli.

I grandi life coach, però, ci dicono che se vogliamo cambiare possiamo farlo, anche se questo ha un prezzo: cambiare le nostre abitudini. Per fare dei cambiamenti nella nostra vita dobbiamo lavorare su noi stessi e cambiare i nostri paradigmi di base, il nostro carattere, un insieme di abitudini. È molto difficile fare bene qualcosa se non siamo motivati.

Dobbiamo instaurare l'abitudine a rinnovarci e a migliorarci continuamente. Cambiare noi stessi non è una cosa facile, dobbiamo essere in grado di bilanciare la nostra "produttività" e la nostra "capacità produttiva" come ogni azienda o sistema complesso.

In questo percorso può essere importante l'aiuto di un coach, la raccolta e l'analisi del feedback delle nostre azioni, l'utilizzo di strumenti che ci permettano di focalizzare i nostri sforzi e misurare oggettivamente i nostri progressi.

Per dare una svolta alla nostra vita dobbiamo seguire i consigli dei grandi life coach: dobbiamo essere motivati e agire in modo da bilanciare diversi aspetti della nostra vita.

La Balanced Scorecard, in italiano "Scheda di Valutazione Bilanciata", è uno strumento innovativo utilizzato per il controllo strategico delle aziende ed è anche lo strumento ideale per il controllo strategico della nostra vita, dove il termine controllo va inteso come steering, ossia "guida". La metodologia della Balanced Scorecard, opportunamente adattata, può quindi essere utilizzata come strumento per il coaching e il self-coaching.

Cosa sono le Balanced Scorecard

Questo capitolo affronta concetti di gestione aziendale. Il lettore interessato alla sola crescita personale può considerare di passare direttamente ai capitoli seguenti. Una Balanced Scorecard o, più brevemente, una BSC, è uno strumento inventato da Robert Kaplan e David Norton nel 1992 per collegare pianificazione strategica ed esecuzione operativa, eseguire le strategie aziendali affiancando agli indicatori di carattere economico-finanziario, tipici dei tradizionali sistemi di controllo di gestione, indicatori capaci di misurare elementi intangibili, sempre più importanti nella knowledge based economy, "l'economia della conoscenza" dei giorni nostri.

Mi limiterò in questo capitolo a riassumere gli aspetti fondamentali delle BSC al solo scopo di rendere più facile la comprensione dei prossimi capitoli e non certo con la pretesa di fornire una descrizione esaustiva dell'argomento al quale, in letteratura, sono stati già dedicati diversi libri e manuali operativi.

In sintesi, partendo dalla strategia, dalla mission e dalla vision di un'azienda, dal suo sistema di valori, si individua un insieme di variabili strategiche. Partendo dalle variabili si sviluppa, quindi, una mappa, chiamata mappa strategica, dove le variabili sono collegate da nessi causali e raggruppate in prospettive.

I nessi causali saranno poi utili, ad esempio, per arrivare a comprendere come e su quali variabili intervenire per ottenere i risultati attesi e come un risultato, in una delle variabili, influisce sulle altre variabili.

La Balanced Scorecard di Kaplan e Norton è uno strumento inventato per eseguire le strategie aziendali e collegare pianificazione strategica ed esecuzione operativa.

La figura seguente illustra un esempio di mappa strategica che ho recentemente sviluppato per un'azienda nel settore delle infrastrutture di ricerca.

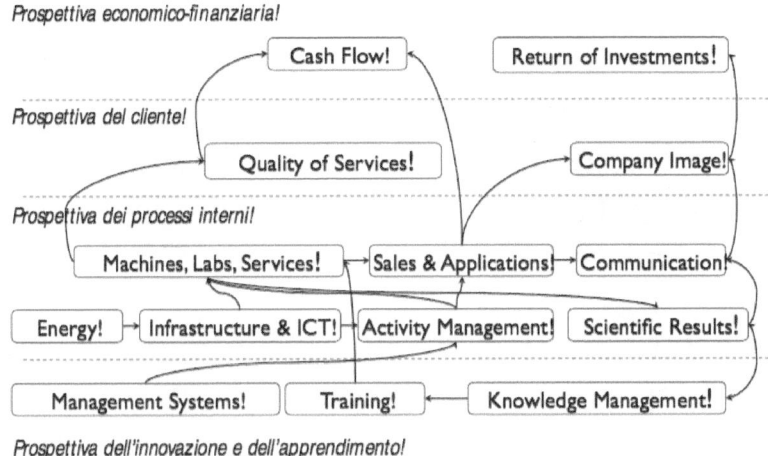

Fattori Critici di Successo vengono misurati attraverso indicatori di performance per ciascuno dei quali viene individuato un obiettivo e un piano per raggiungerlo.

I risultati raggiunti nelle diverse variabili e prospettive devono essere bilanciati, ossia equilibrati. È infatti, importantissimo poter bilanciare, ad esempio, produzione (production) e capacità produttiva (production capability) per ottenere un successo duraturo.

Se un'azienda è focalizzata solo sul raggiungimento dei risultati immediati potrebbe trascurare la sua capacità produttiva. Ad esempio, l'azienda potrebbe non investire nella manutenzione degli impianti, in formazione, in ricerca e sviluppo ritrovandosi nell'arco di pochi anni con problemi di capacità produttiva (gli impianti potrebbero guastarsi) o, ancora peggio, a produrre prodotti obsoleti che non interessano ormai a nessuno.

Per contro, se l'azienda investisse tutto in ricerca e sviluppo e in aggiornamento degli impianti senza tenere conto della sua produttività immediata, potrebbe trovarsi rapidamente in una situazione di crisi di liquidità e di rischio fallimento, il che renderebbe inutili tutti gli investimenti effettuati.

Le BSC dipendono fortemente dalla specifica azienda, anche se, esistono dei pattern, ossia dei modelli ricorrenti. La figura qui di seguito descrive schematicamente le diverse prospettive utilizzate di norma nelle aziende del settore privato, del settore pubblico e non profit. Prospettive delle BSC nei settori privato e pubblico

Esaminiamo ora la struttura di una tipica BSC nel settore privato. Le diverse variabili vengono raggruppate in quattro prospettive:

- prospettiva conomico-finanziaria;
- prospettiva del cliente;
- prospettiva dei processi interni;
- prospettiva dell'apprendimento e dell'innovazione.

La prospettiva economico-finanziaria tiene conto, attraverso grandezze economico-monetarie, delle conseguenze in termini di

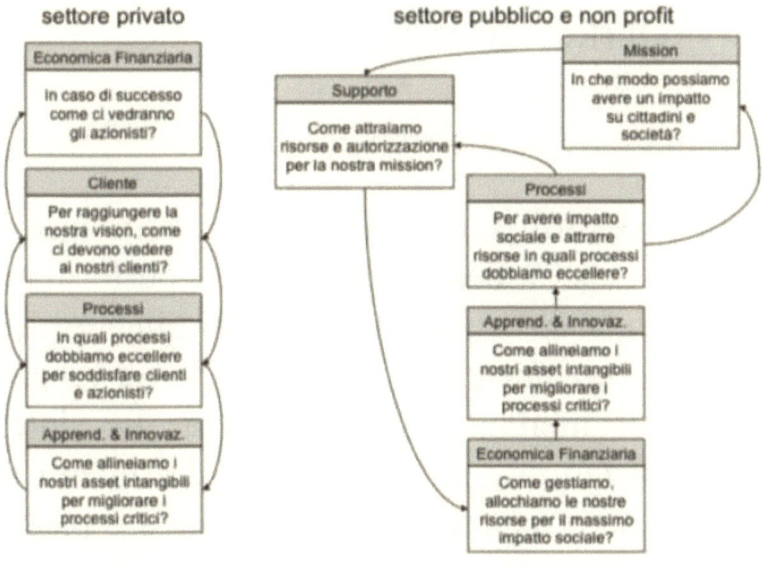

Figure 2: Diverse BSC per aziende profit e non profit, privato e pubblico

reddito, flussi di cassa e patrimonio delle azioni intraprese nel passato. Questa prospettiva è collegata alle tradizionali forme di controllo di gestione sia per le caratteristiche intrinseche delle variabili e dei parametri sia perché viene tipicamente alimentata dai tradizionali sistemi di contabilità analitica.

Esempi di indicatori spesso utilizzati in questa prospettiva sono:

- flusso di cassa;
- reddito per addetto;
- attività totali per addetto;
- fatturato per addetto;
- ROI (Return Of Investment);
- reddito da nuovi prodotti;
- margine di contribuzione.

Nella prospettiva del cliente vengono inserite misure che descrivono la performance dell'azienda dal punto di vista del cliente, della sua soddisfazione e delle quote di clienti vecchi e nuovi nel mercato di riferimento. In sintesi, misure di ciò che guida le scelte dei clienti nel decidere se rimanere fedeli all'azienda o passare alla concorrenza.

I principali fattori critici di successo possono essere: la quota di mercato, l'acquisizione di clienti, ossia la capacità di attrarre nuovi clienti, la fedeltà dei clienti, la soddisfazione dei clienti e la loro profittabilità.

Esempio di indicatori spesso utilizzati in questa prospettiva sono il numero di clienti, la quota di mercato, le vendite per cliente, i clienti persi, l'indice di soddisfazione dei clienti, il numero di reclami, le spese di marketing, la durata media del rapporto con i clienti, le spese per servizio per cliente per anno.

La prospettiva dei processi interni individua e permette di misurare i processi nei quali l'azienda deve eccellere per realizzare la proposta di valore che permetterà di alimentare la prospettiva del cliente e, quindi, in ultima analisi, quella economico-finanziaria.

Esempi di indicatori spesso utilizzati in questa prospettiva sono la durata dei diversi processi interni, il lead time per lo sviluppo di prodotto, il lead time da ordine a consegna, le spese amministrative per addetto e l'informatizzazione per addetto.

La prospettiva dell'apprendimento e dell'innovazione individua l'infrastruttura che l'azienda deve sviluppare per sostenere una crescita nel lungo periodo attraverso la crescita del personale e il miglioramento dei sistemi e delle procedure organizzative. Questa prospettiva vuole misurare la capacità dell'azienda di generare nuovi prodotti, nuove modalità organizzative interne: un'impresa potrebbe avere un buon rendimento ma essere fragile rispetto ai futuri cambiamenti ambientali.

Esempi di indicatori spesso utilizzati in questa prospettiva sono il numero di brevetti, le spese per ricerca e sviluppo in rapporto alle spese totali, il tasso di nuovi prodotti nel catalogo, i miglioramenti suggeriti per addetto, gli investimenti in formazione.

Le BSC utilizzate nelle aziende spesso raggruppano le variabili in diverse prospettive come la prospettiva economico-finanziaria, la prospettiva del cliente, la prospettiva dei processi interni e quella dell'apprendimento e dell'innovazione.

Nelle aziende che utilizzano la BSC si assiste spesso a una progressiva riduzione di scope della BSC. Alla BSC aziendale si affiancano via via BSC relative a una specifica divisione o unità lavorativa fino ad arrivare alla BSC per la singola persona. Unità lavorative e persone saranno responsabili solo di un sottoinsieme dei fattori critici di successo aziendali e, di conseguenza, di un sottoinsieme e, al limite, di una sola parte dei KPI definiti a livello aziendale.

Un esempio di BSC per un'unità lavorativa particolarmente interessante, è quello dell'attività risorse umane (HR - Human Resources) che serve ad allineare la strategia aziendale con le politiche del personale. È infatti evidente l'importanza di una corretta gestione delle risorse umane che deve essere allineata con le strategie aziendali nell'era della knowledge-based economy.

Esistono diverse varianti di Balanced Scorecard per le diverse tipologie di Aziende e, all'interno della stessa azienda, possono essere definite BSC per una specifica unità lavorativa e anche per una singola persona.

Nei prossimi capitoli incominceremo a esplorare come la BSC possa essere utilizzata a livello personale e quali siano gli approcci che fino a oggi sono stati provati.

Riassumendo:

- La Balanced Scorecard di Kaplan e Norton è uno strumento inventato per eseguire le strategie aziendali e collegare pianificazione strategica ed esecuzione operativa.

- I Fattori Critici di Successo vengono misurati attraverso indicatori di performance per ciascuno dei quali viene individuato un obiettivo e un piano per raggiungerlo.
- Le BSC utilizzate nelle aziende spesso raggruppano le variabili in diverse prospettive come la prospettiva economico-finanziaria, la prospettiva del cliente, la prospettiva dei processi interni e quella dell'apprendimento e dell'innovazione.
- Esistono diverse varianti di Balanced Scorecard per le diverse tipologie di Aziende e, all'interno della stessa azienda, possono essere definite BSC per una specifica unità lavorativa e anche per una singola persona.

Cosa sono le Personal Balanced Scorecard

Abbiamo già visto nel precedente capitolo come una BSC aziendale possa essere affiancata dalla BSC per una divisione, una singola unità operativa, fino ad arrivare a definire una BSC per una singola persona. In quest'ultimo caso la BSC è una versione più efficace della cosiddetta "lettera di incarico" che molte aziende danno a inizio anno ai propri dipendenti. Una specie di accordo su quello che l'azienda si aspetta dal dipendente in cambio dello stipendio.

Con questo tipo di BSC il dipendente comprenderà con più chiarezza cosa l'azienda si aspetta da lui e come misurerà la sua prestazione più di quanto non farebbe leggendo le frasi generiche delle tradizionali lettere di incarico dove, spesso, si insidiano reciproche incomprensioni.

Le Personal Balanced Scorecard vengono talvolta utilizzate nelle aziende per sostituire la tradizionale Lettera di Incarico e definire le mansioni e le prestazioni del dipendente in maniera più chiara.

Queste BSC sono, in ogni caso, BSC aziendali che catturano solo alcuni aspetti della vita lavorativa di una persona. La BSC che vi voglio insegnare a utilizzare in questo ebook è una BSC personale, uno strumento di self-coaching che ho chiamato MyBSC, proprio per sottolineare che sono io che la costruisco per guidare la mia crescita personale e non un'azienda che la prepara per me in modo da guidare le mie prestazioni lavorative.

Prima di iniziare a descrivere il metodo per sviluppare la vostra MyBSC, che descriverò nei prossimi capitoli, mi sembra importante vedere cosa c'è di simile in giro per il mondo. Ho sempre, infatti, detestato chi re-inventa la ruota perchè ho sempre ritenuto questo un enorme spreco di tempo e un segnale di grande presunzione. Sfruttando quindi la mia esperienza di ricercatore e quell'incredibile strumento che è oggi Internet, mi sono messo alla caccia di idee simili.

La Personal Balanced Scorecard di Lauchlan Mackinnon

Mi sono subito imbattuto in Lauchlan Mackinnon che ha recentemente sviluppato uno strumento per la crescita e la motivazione che ha chiamato Personal Balanced Scorecard (PBSC).

Secondo Mackinnon noi raggiungiamo risultati in un settore (carriera e ricchezza) e magari ne trascuriamo altri (salute, spiritualità, relazioni). Il risultato è che non siamo felici. È quindi importante che le diverse prospettive, i diversi settori, siano bilanciati.

Mackinnon propone quindi la PBSC come strumento per mantenere il bilanciamento tra le diverse prospettive.Il suo approccio considera le seguenti prospettive:

- performance: come sta andando la nostra vita;
- stakeholders: compagna/o, figli/e, capo ecc.;
- processi e practises: nostre attività abituali;
- capacità e apprendimento;
- motivazione ed emozione;
- stato mentale e credenze;

In ciascuna prospettiva Mackinnon consiglia di definire variabili o aree di interesse e, per ciascuna di queste, propone di definire uno stato corrente, uno stato ideale, misure, obiettivi e azioni per raggiungere lo stato ideale. La tabella risultante va rivista periodicamente per valutare i nostri progressi. Mackinnon non spiega però in dettaglio come fare e le idee che propone sono solo abbozzate.

La PBSC di Lauchlan Mackinnon è uno strumento per mantenere bilanciate le prospettive dei diversi settori della vita.

La lettura di quanto proposto da Mackinnon mi ha quindi spronato a cercare altri approcci e ad approfondire ogni aspetto del metodo che altrimenti rimarrebbe solo un'idea, buona all'apparenza ma, in pratica, che lascia al punto di partenza. Sapere che altri stavano pensando a cose simili mi ha anche fatto capire che probabilmente l'idea non era proprio campata in aria e valeva la pena proseguire.

La Personal Balanced Scorecard di Rodriguez e De Almeida

Secondo Rodriguez e De Almeida nella società al tempo della knowledge economy gli individui scelgono per chi lavorare e i valori guidano la loro vita cioè, lavorano per un'azienda se possono fornire un valore aggiunto a quell'azienda e se i propri valori coincidono con quelli dell'azienda. Lavoro e vita privata tendono a integrarsi e la gestione del tempo diventa sempre più importante.

La BSC diventa uno strumento di pianificazione e crescita personale e si articola, secondo questi autori, nelle seguenti dimensioni:

- competenza personale: che comprende il talento, l'educazione, le competenze durevoli, la cultura, la salute ecc.;
- competenza per aggiungere valore: che include il lavoro, la cittadinanza, la famiglia, il sociale e la nostra immagine;
- attitudine all'auto-attualizzazione: che comprende economia e finanza, gli aspetti emozionale e affettivo e l'evoluzione personale.

La Personal Balanced Scorecard di Rodriguez e De Almeida prende in considerazione come cambia l'approccio al lavoro nel tempo della knowledge-economy.

Il metodo poi, è sempre lo stesso: nelle diverse dimensioni e, più precisamente, per ciascun elemento delle diverse dimensioni che altro non è se non una variabile, ci si pone un obiettivo, un target, e si sviluppa un piano per raggiungere il target.

La Personal Balanced Scorecard di Elena Salazar

Un altro approccio alla Balanced Scorecard individuale è stato proposto da Elena Salazar, esperta di change management, cioè di gestione del cambiamento. Secondo la Salazar le aziende "funzionano" se gli individui che ci lavorano "funzionano" bene e gli individui che ci lavorano funzionano bene se sanno pianificare e bilanciare tutti gli elementi della propria vita.

In base a questo presupposto, il metodo che le aziende usano per pianificare e migliorare la loro salute può essere applicato anche all'individuo.

Elena Salazar propone la Personal Balanced Scorecard come modo per far funzionare bene le persone come dipendenti delle aziende.

Le prospettive della BSC dell'individuo cambiano, tuttavia, forma e significato rispetto a quelle utilizzate per le aziende e proposte da Kaplan e Norton. Secondo Elena Salazar infatti, la prospettiva dei processi interni per un individuo deve comprendere variabili e indicatori relativi a salute fisica, mentale, spirituale, all'energia e alla motivazione.

La prospettiva del cliente deve includere per gli individui variabili e indicatori relativi alla famiglia, agli amici, ai colleghi e, naturalmente, al partner.

La prospettiva finanziaria deve permetterci di supportare i nostri obiettivi di breve e lungo termine e deve quindi includere variabili e indicatori che ci permettano di misurare lo stato del supporto dei nostri obiettivi.

Infine, la prospettiva di crescita e sviluppo deve includere variabili e indicatori che ci permettono di capire quanto ci stiamo avvicinando alla nostra mission e alla nostra vision.

Elena Salazar parte quindi da una prospettiva puramente aziendale e vede la BSC personale come un modo per facilitare il cambiamento e far funzionare meglio le imprese.

Come vedremo, la MyBSC parte invece dalla persona, dall'individuo e da una sua visione olistica e fornisce strumenti pratici per lo sviluppo dello stesso.

Personal Performance e Total Performance Scorecard di Hubert Rampersad

Prima di iniziare a descrivere come costruire una MyBSC, vale la pena esplorare un ultimo approccio che presenta numerosi punti di collegamento con il metodo MyBSC. Si tratta della Personal Performance Scorecard (PBSC) e della Total Performance Scorecard (TPSC) di Hubert Rampersad.

Secondo Rampersad, la mancanza di impegno e motivazione costa alle aziende 30.000 € all'anno per dipendente. I dipendenti non sono felici e, di conseguenza, non si impegnano se le loro ambizioni personali e quelle aziendali non sono allineate.

La PBSC è uno strumento per allineare ambizioni personali e ambizioni dell'azienda. Rampersad definisce la sua Personal Performance Scorecard nel seguente modo:

PBSC = personal mission + vision + key roles + critical success factors + objectives + performance measures + targets + improvement actions (divided along the four perspectives: financial, customers, internal processes and knowledge and learning).

In sintesi, come se fossimo un'azienda, dobbiamo definire la nostra mission, vision, i nostri ruoli e per ciascuno di questi definire i fattori critici di successo, porci degli obiettivi, trovare delle misure di performance, stabilire dei target in termini di misure di performance e, per ciascun target, pensare a delle azioni che ci possano far progredire. Tutto questo va fatto nelle diverse prospettive della BSC di Norton e Kaplan.

Rampersad si spinge oltre e ci suggerisce di sviluppare un vero progetto di marketing di noi stessi, una brand personale, un logo e di seguire il ciclo Plan-do-act-challenge (cioè: pianifica, agisci e aggiorna il piano con obiettivi più sfidanti) per ottenere una vita di successo.

L'approccio della Personal Performance Scorecard e Total performance Scorecard di Hubert Rampersad si spinge oltre rispetto agli approcci precedenti e propone di definire addirittura una personal brand.

Dopo aver descritto i diversi approcci allo sviluppo delle BSC personali siamo pronti per iniziare ad esplorare il metodo per costruire la nostra MyBSC. Nel prossimo capitolo, approfondiremo la parte di azione e quindi descriveremo i diversi modi per trasformare i sogni in realtà.

Sappiamo, infatti, che i sogni diventano obiettivi realizzabili quando sono associati a una scadenza e a un piano di azione per raggiungerli.

Riassumendo:

- Le Personal Balanced Scorecard vengono talvolta utilizzate nelle aziende per sostituire la tradizionale Lettera di Incarico e definire le mansioni e le prestazioni del dipendente in maniera più chiara.
- La PBSC di Lauchlan Mackinnon è uno strumento per mantenere bilanciate le prospettive dei diversi settori della vita.
- La Personal Balanced Scorecard di Rodriguez e De Almeida prende in considerazione come cambia l'approccio al lavoro nel tempo della knowledge-economy.
- Elena Salazar propone la Personal Balanced Scorecard come modo per far funzionare bene le persone come dipendenti delle aziende.
- L'approccio della Personal Performance Scorecard e Total performance Scorecard di Hubert Rampersad si spinge oltre rispetto agli approcci precedenti e propone di definire addirittura una personal brand.

Cos'è una MyBSC

Negli approcci esaminati nel capitolo precedente, il punto di partenza per lo sviluppo della BSC personale è sempre l'azienda e le prestazioni dell'individuo nell'azienda e non si pone quasi mai l'accento sugli aspetti implementativi.

L'approccio che vi propongo in questo capitolo, che ho chiamato MyBSC, pone al centro la persona e si concentra anche sugli aspetti implementativi dove, per aspetti implementativi intendiamo sia la parte creativa, cioè la costruzione di una Balanced Scorecard personale, sia la parte legata alle azioni e ai piani per muoversi verso gli obiettivi e i target che ci siamo posti. «Non esiste vento favorevole per il marinaio che non sa dove andare», è la famosa frase di Seneca riportata da diversi Life Coach.

La MyBSC che andremo a costruire è un potentissimo strumento che vi aiuta a definire la rotta e a seguirla una volta che l'avrete definita.

Chiaramente, ciascuno deve trovare la sua strada e non esistono delle soluzioni generali, come non esistono soluzioni che vadano bene in ogni azienda, tuttavia, ci sono dei pattern, dei modelli di riferimento, che possono essere riutilizzati e adattati alle diverse persone, tenendo conto delle relative specificità.

Secondo molti coach di successo (come Stephen Covey e Anthony Robbins), dobbiamo sapere dove vogliamo andare e perché lo vogliamo e impegnarci per raggiungere i nostri obiettivi senza paura di sbagliare. In caso di insuccesso (nella vita qualche volta capita) dobbiamo cambiare qualcosa e riprovare, visto che, se faccio le stesse cose e allo stesso modo, ottengo gli stessi risultati e visto che il futuro non è uguale al passato. In altri termini, non si guida guardando lo specchietto retrovisore.

Sappiamo che il nostro comportamento è spesso condizionato da credenze, sensazioni di certezza, ed è anche guidato dai bisogni: fisiologici, di sicurezza, di appartenenza e amore, di stima, di auto-realizzazione oppure, secondo altri autori e coach (ad esempio Robbins) dal bisogno di sicurezza, ma anche di incertezza, bisogno di unicità, ma anche di connessione e amore, bisogno di crescere ma anche di contribuire agli altri, di sentirci e di agire come membri di un team.

Possiamo soddisfare i nostri bisogni attraverso esperienze positive o negative ma, per essere felici, dobbiamo imparare a farlo con esperienze produttive. Infine, per essere efficaci abbiamo bisogno di seguire una strategia. La MyBSC è uno strumento utile a definire e implementare la nostra strategia di vita.

L'unico prerequisito dell'approccio MyBSC è essere pro-attivi, cioè prendersi il 100% di responsabilità sulla nostra vita ed essere coscienti che quanto ci capita, in larga misura, dipende da come noi rispondiamo agli eventi e alle situazioni che la vita ci porta a dover affrontare.

La MyBSC è un potente strumento per lo sviluppo e la crescita personale che possiamo usare quando abbiamo preso coscienza che quanto ci capita nella vita dipende in larga misura da noi stessi.

Quali sono i tuoi valori?

I nostri valori sono una specie di stella polare e indirizzano tutte le scelte della nostra vita. Come dice Robbins, i valori sono delle super credenze, che indirizzano tutte le nostre scelte e danno direzione alla nostra vita. Le credenze sono sensazioni di certezza riguardo a qualcosa, ci danno sicurezza e noi, di conseguenza, tendiamo a mettere in atto dei meccanismi di conferma.

Come tutte le credenze, anche i valori possono essere potenzianti o limitanti. Possiamo anche cambiarli, anche se questo è molto difficile ma, sicuramente, il primo passo è prenderne coscienza.

Per preparare la tua Balanced Scorecard personale devi avere ben chiari i tuoi valori perchè questo ti aiuterà a definire le variabili, ossia i fattori critici di successo, e poi, gli indicatori, ossia le misure che assocerai alle variabili. Dobbiamo vivere in armonia con i nostri valori se vogliamo essere felici. Dobbiamo quindi scoprire i nostri valori e metterli in ordine.

Ci sono valori positivi a cui tendiamo come, ad esempio, amore, fede, fiducia, salute, onestà, fedeltà, creatività, rispetto, libertà, tenacia, intelligenza, generosità, impegno ecc. Ci sono anche valori negativi da cui ci allontaniamo come ad esempio umiliazione, rifiuto, gelosia, insicurezza, solitudine, rabbia, dolore fisico ecc.

Ai valori associamo un insieme di regole che li rendono più o meno veri. I valori sono anche stati emozionali, quindi, le regole. Sono ciò che deve essere verificato perché tu provi quello stato emozionale.

Supponiamo di avere tra i nostri valori l'onestà. Che significato diamo a questo valore? Che regole, che condizioni devono essere verificate perchè ci troviamo in condizioni di onestà? Dire una menzogna a fin di bene rispetta il tuo concetto di onestà oppure no?

Prima di partire nella definizione della nostra MyBSC è importante fare una revisione dei nostri valori e delle nostre regole.

Quale è la tua mission?

Ora che abbiamo definito i vostri valori di riferimento, come un'azienda, anche noi abbiamo bisogno di una mission e di una vision.

Abbiamo bisogno prima di una strategia e poi di un modo per eseguirla. La MyBSC sarà un modo per eseguire la vostra strategia ma, per poterla eseguire, prima, abbiamo bisogno di definirla.

In un mondo che cambia, abbiamo bisogno di trovare qualcosa di stabile, che non cambi, che ci guidi e soddisfi pienamente. Questo qualcosa di stabile è la nostra mission. Si tratta di interpretare il suggerimento di Covey: «Begin with the end in mind».

La nostra mission potrebbe essere espressa con frasi come: «Lo scopo della mia vita è essere ... », «Godere di ... e fare ... per me e per gli altri». La potremmo anche esprimere in altro modo, l'importante è averla definita in modo chiaro ed espressa per iscritto altrettanto chiaramente.

«Pensate a come vorreste essere ricordati nel giorno della vostra morte», dice Covey: «Immaginate che al vostro funerale partecipino tutti i vostri "stakeholder", tutte le persone con cui interagite, cioè i vostri colleghi, i vostri figli, i vostri compagni e compagne di vita, i vostri amici ecc. Pensate a come vorreste essere ricordati da ciascuno di essi, da ciascun gruppo di riferimento e, la vostra mission, vi diventerà più chiara».

La mission è un life goal, un obiettivo di vita. Dividete la mission in ruoli: pensate ai diversi ruoli e ai life goal in ciascuno di essi e, inoltre, pensate al risultato piuttosto che all'azione.

La mission va definita in forma scritta. Si sa che «Verba volant, scripta manent», come recita un antico detto latino, ma soprattutto, nel momento in cui dovrete esprimervi scrivendo andrete a rielaborare le vostre idee sintetizzandole in modo da definire ciò che è veramente importante.

Quale è la tua vision?

Per capire quale sia il significato della vostra mission pensate alla metafora del mosaico o di una struttura complessa (come un ponte, un palazzo di cristallo). Ciascuno di noi è una tessera del mosaico, un componente della struttura. Definire la nostra mission significa capire qual è la nostra forma e trovare la giusta posizione nel mosaico. Se una tessera non è ben posizionata, se una vite non è ben fissata, l'intero mosaico, l'intera struttura non funziona bene e barcolla.

Come per un'azienda, definita la nostra mission dobbiamo definire la nostra vision. La vision è la mission trasformata in qualcosa che posso vedere: è ormai noto il potere della visualizzazione e tutti i coach più famosi ne fanno un grande uso.

In pratica dobbiamo vederci mentre viviamo e realizziamo la nostra mission in un arco di cinque, dieci, quindici anni! Dobbiamo vederci come se avessimo già raggiunto con successo quello che desideriamo.

La vision serve a far funzionare il nostro SAR (Sistema di Attivazione Reticolare), quel sistema che mette in funzione quella macchina incredibile che è il nostro cervello e lo fa funzionare a nostro vantaggio.

Prima di sviluppare una MyBSC è importante riflettere e prendere coscienza dei nostri valori, della nostra mission e della nostra vision.

Quali sono i tuoi obiettivi?

Abbiamo chiarito i nostri valori, la nostra mission e la nostra vision e siamo ora pronti a definire una lista di obiettivi concreti, in un orizzonte di tempo che potrebbe andare fino a uno/due anni, che ci aiutino a muoverci concretamente verso la realizzazione della nostra vision e il compimento della nostra mission nel rispetto dei nostri valori di riferimento.

Semplice vero? In teoria sì, ma in pratica questo è un punto che trova notevoli resistenze. Per definire i nostri obiettivi dobbiamo, infatti, uscire in qualche modo da quella che Robbins chiama la nostra "zona di comfort". Porsi un obiettivo significa anche prendere in considerazione la possibilità di non raggiungerlo e quindi di fallire. Se abbiamo dei dubbi sulle nostre capacità, cercheremo naturalmente di resistere a questa fase.

Ciononostante, la definizione degli obiettivi è di fondamentale importanza. Senza obiettivi, non abbiamo rotta. Senza obiettivi ci mancano i criteri più importanti per decidere priorità e azioni e siamo in balìa di quello che ci capita giorno dopo giorno.

Ma cos'è in concreto un obiettivo? Un obiettivo è un sogno con una scadenza. È diverso uscire con l'obiettivo di comprare qualcosa e uscire per andare a fare un giro per le vetrine. Non che la seconda operazione vada evitata ma è evidente la differenza tra i due modi di agire. Se ritorno da un giro per le vetrine molto probabilmente avrò acquistato qualcosa che non mi serviva.

Gli obiettivi che ci poniamo devono essere S.M.A.R.T (Specific, Measurable, Achievable, Realistic, Timely) ossia specifici, misurabili, raggiungibili, realistici, con un riferimento temporale, in linea con i nostri valori di riferimento e immaginabili (per sfruttare il potere della visualizzazione).

Gli obiettivi che ci fissiamo devono essere rigidi anche se conviene adottare un approccio flessibile: è infatti difficile che non ci siano imprevisti, specialmente se gli obiettivi sono sfidanti.

Vision e mission vanno resi concreti attraverso un insieme di obiettivi che devono essere specifici, misurabili, raggiungibili, realistici e soprattutto avere una scadenza.

Utilizzeremo gli obiettivi nella costruzione della nostra MyBSC. Gli obiettivi rappresenteranno in concreto la guida per definire i nostri fattori critici di successo e poi i nostri indicatori. Infatti, gli obiettivi devono essere misurabili: dobbiamo essere in grado di capire quanto siamo distanti dal loro raggiungimento o perlomeno, dobbiamo essere in grado di capire quando li abbiamo raggiunti.

La Nostra Mappa Strategica

A questo punto dovremmo avere ben chiari:

- un sistema di valori;
- una mission;
- una vision;
- alcuni obiettivi che concretizzano la nostra vision.

Non sarà ora difficile pensare a un elenco di aree in cui siamo coinvolti e in cui si articola la nostra vita. Si tratta di un insieme di categorie focalizzate, circa una dozzina, in cui siamo coinvolti e in cui desideriamo mantenere un livello di qualità adeguato.

Per individuare queste aree, queste variabili, questi fattori critici con cui possiamo misurare il successo della nostra vita dobbiamo farci la seguente domanda: «Che cosa devo mantenere in efficienza?»

Alcune di queste aree emergeranno a livello della sfera professionale, altre emergeranno a livello della sfera personale. Queste aree possono essere raggruppate in prospettive nella misura in cui questo ci aiuta a determinarle e a ragionarci su ma, la cosa importante è che siamo in grado di individuarle. Si tratta dei diversi cappelli che dobbiamo indossare: le relazioni con la famiglia, il ruolo genitoriale, le finanze, la carriera, la spiritualità ecc.

Per vivere pienamente dobbiamo mantenere ciascuna di queste aree a uno standard predeterminato. Possiamo, infatti, chiederci: «Come sta andando quest'area? Viene gestito tutto quello che deve essere gestito?» Se abbiamo la sensazione di doverle riequilibrare, di essere un po' fermi mentalmente, può aver senso riesaminarle con attenzione.

L'impegno in queste aree ci stimolerà ad attivare progetti, piani di attività e ad agire. Ad esempio, se tra le nostre aree individuiamo la salute e l'esercizio fisico, un progetto potrebbe consistere nel fissare una routine di esercizio fisico.

Queste aree, queste variabili, questi fattori non sono indipendenti. Spesso il miglioramento in un'area nella nostra vita influenza positivamente anche altre aree e viceversa: le diverse aree sono collegate. Rappresentando le diverse aree in un diagramma, dove le aree sono rappresentate con dei nodi (graficamente potrebbero assumere la forma di ovali) e i legami tra le aree sono rappresentati da archi, otteniamo quella che può essere considerata la Mappa Strategica della nostra vita.

Rappresentando le diverse aree della nostra vita in un diagramma causale otteniamo la nostra mappa strategica.

Le diverse aree devono essere mantenute ciascuna a livelli accettabili ma devono anche essere bilanciate, in equilibrio, in armonia tra loro. Se diamo un voto che rappresentiamo in una scala da 1 a 10 ad aree come il lavoro, le nostre finanze, la salute e il nostro fisico, la nostra mente e lo spirito, le emozioni, l'amicizia, la famiglia, il rapporto di coppia e rappresentiamo i risultati in un diagramma radar, come dice Anthony Robbins, siamo sperimentalmente felici se il grafico risultante si avvicina a un cerchio.

Misuriamo le nostre Aree di Interesse

La MyBSC, la nostra Balanced Scorecard altro non è che una tabella che arricchisce la nostra Mappa Strategica con ulteriori importanti informazioni.

Se vogliamo, la Mappa Strategica ci serve ad avere una visione dall'alto, a guardare la situazione delle variabili importanti, delle nostre aree di responsabilità per aiutarci a capire come sono collegate, se sono bilanciate e se c'è qualche aspetto della nostra vita che richiede subito la nostra attenzione.

Alle aree vanno tuttavia associati degli indicatori, delle misure che nel modo più chiaro possibile ci facciano capire la situazione dell'area in esame.

Facciamo un esempio. Supponiamo che una delle aree che richiedono la nostra attenzione sia la forma fisica. Se non stiamo bene fisicamente è difficile che riusciamo a essere sereni, lucidi, efficaci e spensierati. Ricordate la piramide di Abraham Maslow?

Ora è chiaro che mantenere una buona forma fisica è un aspetto importante della nostra vita ma, come misuriamo la nostra forma fisica?

La misura, l'indicatore che andremo a scegliere dovrà essere semplice da calcolare, affidabile. Dobbiamo inoltre essere in grado di misurare in modo completo lo stato dell'area che ci interessa. Chiaramente per ciascuna area si possono definire più indicatori ma, più è elevato il numero di indicatori più sarà complessa la nostra MyBSC. Come facciamo ad esempio se due indicatori forniscono misure che si contraddicono?

Ritornando all'esempio precedente il nostro peso potrebbe essere in generale un buon indicatore per misurare la nostra forma fisica. Potremo scegliere anche indicatori più complessi come l'indice di massa corporea. Potremo scegliere misure indirette come il numero di ore che ogni settimana dedichiamo a mantenerci in forma.

Non esiste la misura perfetta, ognuno di noi, però, se sufficientemente motivato, saprà facilmente scegliere l'indicatore o gli indicatori che fanno al caso suo. Nel nostro caso, peso e numero di ore settimanali dedicate ad attività fisica rappresentano una buona scelta. Catturano due importanti aspetti dell'area di interesse e si muovono nella stessa direzione.

Le misure e gli indicatori che scegliamo possono essere sia quantitative (75kg) che qualitative o linguistiche (basso, medio, alto). Potrebbero anche essere di tipo percentuale (80%) a significare il livello che abbiamo raggiunto in quell'area. La mia preferenza va nell'ordine alle misure quantitative per poi passare alle qualitative e alle percentuali.

Spesso, infatti, siamo portati a raccontarci le cose che vogliamo sentirci dire. Nelle misure qualitative e in quelle percentuali c'è il rischio di non essere oggettivi. In certi casi, tuttavia, non ci sono misure quantitative facilmente disponibili e non ci resta altro che ripiegare su indicatori qualitativi o percentuali.

Dalla Mappa alla Tabella

In una situazione di sbilanciamento o semplicemente per migliorare le diverse aree di focalizzazione potremmo definire una lista di obiettivi che ci piacerebbe realizzare in ciascuna area.

Gli obiettivi vanno definiti in termini di target sugli indicatori. Un esempio di obiettivo in termini di forma fisica potrebbe essere raggiungere un peso di 75 kg e dedicare almeno 3 ore a settimana all'attività fisica. I target devono essere associati a un tempo entro il quale ci proponiamo di raggiungerli. Ai nostri obiettivi dobbiamo associare sempre una data entro la quale ci proponiamo di raggiungerli, altrimenti rimangono dei sogni.

Dei diversi obiettivi ne potremmo scegliere alcuni prioritari su cui lavorare nei prossimi mesi e, per ciascuno di essi, studiare un piano e delle azioni per realizzarli.

Nel nostro esempio, se non lo abbiamo già fatto, un possibile piano di azione è definire un programma di attività fisica, un programma corretto di alimentazione ecc.

In sintesi, per costruire la nostra MyBSC dobbiamo definire:

- per ciascuna variabile o area, uno o più indicatori;
- per ciascun indicatore, un target e un riferimento temporale;

- per ciascun indicatore, un insieme di azioni o progetti che ci aiutino a muoverci verso l'obiettivo di raggiungere il target fissato.

Graficamente quello che otteniamo è una tabella come questa:

Variabile Area	Indicatore	Valore	Target	Scadenza	Piano Azioni
Forma fisica					
	Peso	80	75	Data 1	Definire un pia o di corretta alimentazione
	Numero di ore di attività fisica la settimana	1	3	Data 2	Definire un programma di attività fiica
...					

Dobbiamo misurare il successo nelle diverse aree della nostra vita attraverso degli indicatori, definire gli obiettivi in termini di valori degli indicatori e stabilire dei piani di azione per raggiungerli.

E ora che abbiamo la Tabella?

La tabella descritta nel precedente paragrafo altro non è che una Balanced Scorecard personale: la MyBSC. E adesso? Come usiamo la nostra MyBSC? A cosa serve tutto questo lavoro che ci ha portato a riflettere su noi stessi, a uscire dalla nostra zona di comfort?

La vostra MyBSC è un formidabile strumento per eseguire una strategia, per acquisire la prospettiva. Secondo quanto suggerito da David Allen, il principio fondamentale del self management è mantenere equilibrio tra controllo e prospettiva o, come dice Stephen Covey, tra produttività e capacità produttiva. Questo succede per le aziende e anche per l'uomo.

Se vogliamo veramente essere capitani e comandanti della "nave" della nostra vita, dobbiamo saper seguire una rotta ed essere pronti anche a eseguire una rapida virata per un ostacolo che ci si presenta, un'onda che potrebbe far affondare la nostra nave. Se non abbiamo controllo, la prospettiva serve a poco, ma se non abbiamo prospettiva, la nostra nave non sa dove andare e non è nemmeno in grado di sfruttare i venti favorevoli che si presentano

La MyBSC serve a definire la rotta, ad acquisire la prospettiva. Usarla è molto semplice. Periodicamente, potrebbe essere una volta la settimana (cosa che vi consiglio) oppure, ogni due settimane (l'importante è farlo), verifichiamo il livello raggiunto nelle diverse aree, aggiorniamo il valore degli indicatori, riesaminiamo i target che ci eravamo posti in modo da capire quanto siamo distanti dall'obiettivo e rivediamo i piani che ci eravamo proposti di mettere in pratica, chiediamoci se sono stati efficaci o se è il caso di cambiare strada. Usiamo queste informazioni per capire come agire, per capire quali sono le cose importanti da fare, quali le priorità e dove concentrare le nostre energie.

Periodicamente, ogni mese (cosa che vi consiglio) oppure, ogni trimestre (anche qui l'importante è farlo), riesaminiamo la nostra MyBSC in maggiore profondità per chiederci se è ancora valida. Se, nel frattempo, il nostro mondo è cambiato così tanto da rendere obsolete le variabili e gli indicatori che avevamo scelto, modifichiamo la nostra MyBSC di conseguenza. Raggiunti gli obiettivi, possiamo porci nuovi obiettivi, nuove sfide, nuovi traguardi.

In altri termini, la nostra MyBSC ci serve a mettere in pratica un sistema di feedback, un ciclo plan-do-act-challenge in cui si valuta la situazione, si pensa a un modo per migliorarla, si agisce di conseguenza, si valutano i risultati e si ricomincia.

La nostra MyBSC va utilizzata in un ciclo in cui si valuta la situazione, si pensa a un modo per migliorarla, si agisce di conseguenza, si valutano i risultati e si ricomincia.

Con la nostra MyBSC, attraverso il processo che vi ho appena descritto, possiamo imparare e mettere in atto una nuova abitudine: l'abitudine al rinnovamento e alla crescita personale.

Riassumendo:

- La MyBSC è un potente strumento per lo sviluppo e la crescita personale che possiamo usare quando abbiamo preso coscienza che quanto ci capita nella vita dipende in larga misura da noi stessi.
- Prima di sviluppare una MyBSC è importante riflettere e prendere coscienza dei nostri valori, della nostra mission e della nostra vision.

- Vision e mission vanno resi concreti attraverso un insieme di obiettivi che devono essere specifici, misurabili, raggiungibili, realistici e soprattutto avere una scadenza.
- Rappresentando le diverse aree della nostra vita in un diagramma causale otteniamo la nostra mappa strategica.
- Dobbiamo misurare il successo nelle diverse aree della nostra vita attraverso degli indicatori, definire gli obiettivi in termini di valori degli indicatori e stabilire dei piani di azione per raggiungerli.
- La nostra MyBSC va utilizzata in un ciclo in cui si valuta la situazione, si pensa a un modo per migliorarla, si agisce di conseguenza, si valutano i risultati e si ricomincia.

Come si costruisce una MyBSC

Nel capitolo precedente abbiamo presentato a grandi linee la teoria della MyBSC. In questo capitolo passeremo alla pratica. Vi proporrò una serie di esercizi che vi aiuteranno nella costruzione della vostra MyBSC personale.

Vi ricordo che l'unico prerequisito dell'approccio MyBSC è essere pro-attivi, cioè prendersi il 100% di responsabilità sulla nostra vita ed essere coscienti che quanto ci capita in larga misura dipende da come noi rispondiamo agli eventi e alle situazioni che la vita ci porta a dover affrontare.

Dalle parole ai fatti

Abbiamo visto nel capitolo precedente quali sono i passi da fare per costruire una MyBSC. Ma quali sono le vere difficoltà che incontreremo nel costruirla?

Vi dico subito che non esistono scorciatoie. There is no free lunch che significa "non c'è pasto gratis", come direbbero gli anglosassoni. Non posso prendere una MyBSC pronta e usarla, così come un'azienda non può prendere una BSC sviluppata per un'altra azienda e utilizzarla con successo, neanche, se la BSC è stata sviluppata per un'azienda dello stesso settore.

Certo, alcune cose saranno simili ma ogni individuo come ogni azienda ha delle caratteristiche distintive che, tra l'altro, cambiano in funzione del tempo e del contesto.

La MyBSC è in ogni caso personale, potrebbe essere molto semplice o più complessa, l'importante è che ci siano nelle diverse aree i fattori critici di successo e gli indicatori di performance che sono veramente rilevanti e importanti per me.

Per passare dalle parole ai fatti e iniziare a costruire la nostra MyBSC personale dobbiamo trovare del tempo per riflettere. Potete arrivarci per gradi seguendo i passi proposti in questo capitolo, facendo un passo al giorno, o dedicare alla costruzione della vostra MyBSC, un intero un week end. Dipende dai voi.

Una SWOT personale

Abbiamo già detto che senza una strategia non andiamo da nessuna parte. La definizione di una strategia parte da mission, vision, dai nostri principi e valori, dai nostri obiettivi, da tutti gli esercizi preparatori che abbiamo visto nei capitoli precedenti ma non può prescindere da una chiara e serena analisi di chi siamo e di dove siamo.

Anche in questo caso e a questo proposito, possiamo prendere in prestito gli strumenti che vengono utilizzati nelle aziende. In particolare, può essere utile fare un'analisi SWOT.

SWOT è un'acronimo di Strenght, Weakness, Opportunities, Threats ossia di:

- punti di forza;
- punti di debolezza;
- opportunità;
- minacce.

Si tratta quindi di pensare nel modo più obiettivo possibile a chi siamo, ossia, a quali sono rispettivamente le nostre migliori e peggiori caratteristiche che chiameremo punti di forza e punti di debolezza e alle migliori e peggiori caratteristiche del contesto e dell'ambiente in cui viviamo che chiameremo opportunità e minacce.

Tradotto in termini personali, dobbiamo trovare del tempo per riflettere e buttar giù, possibilmente in forma scritta, un'analisi SWOT di noi stessi. Chiaramente, se deve essere fatta bene, questa analisi non deve considerare solamente il nostro punto di vista ma anche il feedback che riceviamo dagli altri.

Per analizzare i nostri punti di forza, ad esempio, potremmo chiederci:

- Quali sono i vantaggi che ho rispetto agli altri, le capacità distintive, le certificazioni, la formazione, i contatti?
- Quali cose faccio meglio degli altri?
- A quali risorse personali posso accedere?
- Cosa vedono gli altri come miei punti di forza?

Per analizzare i nostri punti di debolezza, invece potremmo chiederci:

- Che cosa normalmente evitiamo perchè non ci sentiamo capaci (ad esempio, il public speaking)?
- Che cosa vedono gli altri come nostre debolezze?
- Quale è il nostro punto debole in termini di formazione?
- Quali sono le nostre abitudini negative? Ad esempio siamo disorganizzati, non gestiamo lo stress?

Per analizzare le opportunità potremmo chiederci:

- Quali nuove tecnologie mi possono aiutare?
- Quali contatti strategici mi possono aiutare o darmi consiglio?
- Che nuovi trend, che potremmo sfruttare, stanno emergendo?
- Che errori stanno facendo i miei concorrenti?
- Ci sono problemi da risolvere per i quali io potrei fornire una soluzione?
- Che eventi si stanno verificando di cui potrei approfittare? Ad esempio conferenze, pensionamenti, progetti?

Per analizzare le minacce, invece, potremmo chiederci:

- Che ostacoli stiamo affrontando sul lavoro?
- Ci sono dei colleghi che stanno competendo con noi per un ruolo?
- Il nostro lavoro sta cambiando?
- Ci sono tecnologie emergenti che non conosciamo?

Altre domande vanno rivolte alla sfera personale ma la cosa importante è che questo tipo di analisi ci fornisce informazioni chiave per la nostra MyBSC e ci offre suggerimenti su cosa fare e su come trasformare problemi in opportunità.

Per costruire una MyBSC è molto utile fare una analisi SWOT personale analizzando quali sono le nostre caratteristiche in termini di punti di forza e di debolezza e quali sono le caratteristiche dell'ambiente in cui viviamo cioè le opportunità e le minacce.

Nel prossimo paragrafo considereremo altri aspetti importanti per la costruzione della nostra MyBSC. Per ora vi chiedo di dedicare del tempo a sviluppare la vostra analisi SWOT.

Quali sono i tuoi valori?

Sappiamo che, prima di partire nella definizione della nostra MyBSC è importante fare una esame dei nostri valori e delle nostre regole.

Vi propongo quindi un esercizio: preparate una lista dei vostri valori includendo sia quelli positivi che quelli negativi e metteteli in ordine di importanza. Costruite così la vostra scala dei valori. Quando avrete preparato le liste, per ciascun valore, pensate a cosa lo rende vero cioè, a che regole e condizioni associate a quel valore: che cosa, secondo voi, deve essere vero perché quello specifico valore sia rispettato.

Ad esempio uno dei valori in cui credo è la creatività. Ma cosa significa per me essere creativo? Che caratteristiche deve avere una soluzione per essere creativa?

Allo stesso modo, uno dei miei valori negativi è l'umiliazione. Ma cosa deve succedere perché mi senta umiliato? Arrivare secondo in una competizione è una condizione sufficiente per farmi sentire umiliato?

A questo punto, non resta che rivedere le liste e le definizioni dei valori e renderle coerenti (non è, infatti, difficile che emergano delle contraddizioni) e siete pronti per il prossimo passo.

Qual è la tua mission?

Ora che abbiamo definito i nostri valori di riferimento come risultato dell'esercizio precedente, come un'azienda, anche noi abbiamo bisogno di una mission e di una vision.

In un mondo che cambia abbiamo bisogno di trovare qualcosa di stabile, che non cambi, che ci guidi e soddisfi pienamente. Questo qualcosa di stabile è la nostra mission. La mission è quindi un life goal, un obiettivo di vita. Dividete la mission in ruoli: pensate ai diversi ruoli e ai life goal in ciascuno di essi e inoltre pensate al risultato piuttosto che all'azione.

Anche in questo paragrafo vi chiedo di fare l'esercizio di definire la vostra mission. Mi raccomando, scrivete.

Quale è la tua vision?

Se avete fatto l'esercizio proposto nel paragrafo precedente, siete pronti a fare un ulteriore passo del metodo per costruire la vostra MyBSC.

Anche in questo paragrafo vi chiedo di fare un esercizio: definite la vostra vision. Mi raccomando visualizzate e se possibile disegnate, scrivete, l'importante è che facciate l'esercizio seriamente.

Quali sono i tuoi obiettivi?

Se avete fatto gli esercizi proposti nei paragrafi precedenti siete pronti per il passo successivo. Abbiamo chiarito i nostri valori, la nostra mission e la nostra vision e siamo ora pronti a definire una lista di obiettivi concreti, in un orizzonte di tempo che potrebbe andare fino a uno, due anni, che ci aiutino a muoverci concretamente verso la realizzazione della nostra vision e il compimento della nostra mission, nel rispetto dei nostri valori di riferimento.

Vi ricordo che gli obiettivi che ci poniamo devono essere S.M.A.R.T per essere sufficientemente motivanti e quindi efficaci.

L'esercizio che vi chiedo di fare ora è pensare ai vostri obiettivi. Se possibile, preparate una lista dei vostri obiettivi e conservatela per i prossimi passi. Per fare questo esercizio in modo efficace dovete trovare il momento giusto. Se un'azienda è in un momento di crisi di liquidità, difficilmente potrà ragionare in termini strategici sugli obiettivi, giacché, presumibilmente, tutte le risorse saranno impegnate a sopravvivere. Lo stesso vale per noi. Dobbiamo trovare un momento di serenità, altrimenti l'esercizio sarà artificioso e sterile. Se tuttavia siamo sufficientemente motivati il momento verrà, fidatevi.

La Nostra Mappa Strategica

Se avete completato gli esercizi proposti nei precedenti paragrafi, a questo punto dovreste avere ben chiara la vostra strategia. Non sarà ora difficile pensare a un elenco di aree, di categorie focalizzate, circa una dozzina, in cui siamo coinvolti e in cui desideriamo mantenere un livello di qualità adeguato. Per essere sicuri di non dimenticarci qualcosa di importante, possiamo farci guidare dalle prospettive proposte da Elena Salazar anche se questo non è indispensabile. Dobbiamo tuttavia fare attenzione e individuare tutte le aree importanti della nostra vita.

È importante definire i nostri fattori critici di successo e costruire la nostra mappa strategica partendo da tutte le aree importanti della nostra vita.

L'esercizio che vi chiedo di fare ora è pensare alle vostre aree e disegnare la vostra Mappa Strategica, collegando un'area all'altra se i cambiamenti nella prima influenzano i risultati nella seconda.

Misuriamo le nostre Aree di Interesse

Se abbiamo costruito la nostra Mappa Strategica come indicato nel precedente paragrafo, siamo pronti per il passo successivo: costruire una MyBSC.

La MyBSC, la nostra Balanced Scorecard altro non è che una tabella che arricchisce la nostra Mappa Strategica con degli indicatori di performance delle diverse aree di focalizzazione. Le misure, gli indicatori che andremo a scegliere, dovranno essere semplici da calcolare e affidabili.

Ormai lo avrete già capito. Come esercizio vi chiederò di pensare a degli indicatori, a dei modi per misurare i fattori critici del vostro successo.

Dalla Mappa alla Tabella

Se abbiamo pensato agli indicatori siamo pronti per completare la nostra MyBSC. In una situazione di sbilanciamento o semplicemente per migliorare le diverse aree, potremmo preparare una lista di obiettivi definiti in termini di target sugli indicatori e associati a un tempo, una scadenza, entro la quale ci proponiamo di raggiungerli. Definire gli obiettivi in termini di valori degli indicatori di performance rende l'obiettivo chiaro ed efficace.

L'esercizio che vi chiedo ora di fare è ripensare alle vostre aree, agli indicatori che avete definito nel corso dell'esercizio proposto nel paragrafo precedente. Pensate al valore corrente degli indicatori. Potrete poi stabilire gli obiettivi, i tempi e i piani per raggiungerli. Inserite queste informazioni in una tabella simile a quella che trovate nell'esempio alla fine del capitolo. Ve ne siete accorti? State costruendo la Vostra MyBSC.

Scegliendo gli indicatori di performance per misurare i fattori critici di successo è più semplice definire i nostri obiettivi e le azioni per raggiungerli e muoverci nella giusta direzione.

E ora che abbiamo la Tabella?

Se avete svolto l'esercizio che vi ho proposto nel paragrafo precedente, ora avete la vostra Tabella, la vostra Balanced Scorecard, la MyBSC, un formidabile strumento per eseguire una strategia, per acquisire la prospettiva.

Con la nostra MyBSC disponiamo di una specie di bussola per capire dove siamo e dove vogliamo andare.

Finalmente un esempio

Quella che vedete qui sotto è una mappa strategica sviluppata per una persona che, come molte, ha una compagna, dei figli, dei familiari, degli amici, dei colleghi di lavoro, che siano essi superiori, collaboratori o partner.

Questa persona ha diversi ruoli. Si tratta di una persona che ha anche ruoli di responsabilità nell'ambito dell'azienda presso la quale lavora e dei suoi colleghi. Come vedete, la mappa cattura le variabili importanti e i valori critici per il successo di questa persona.

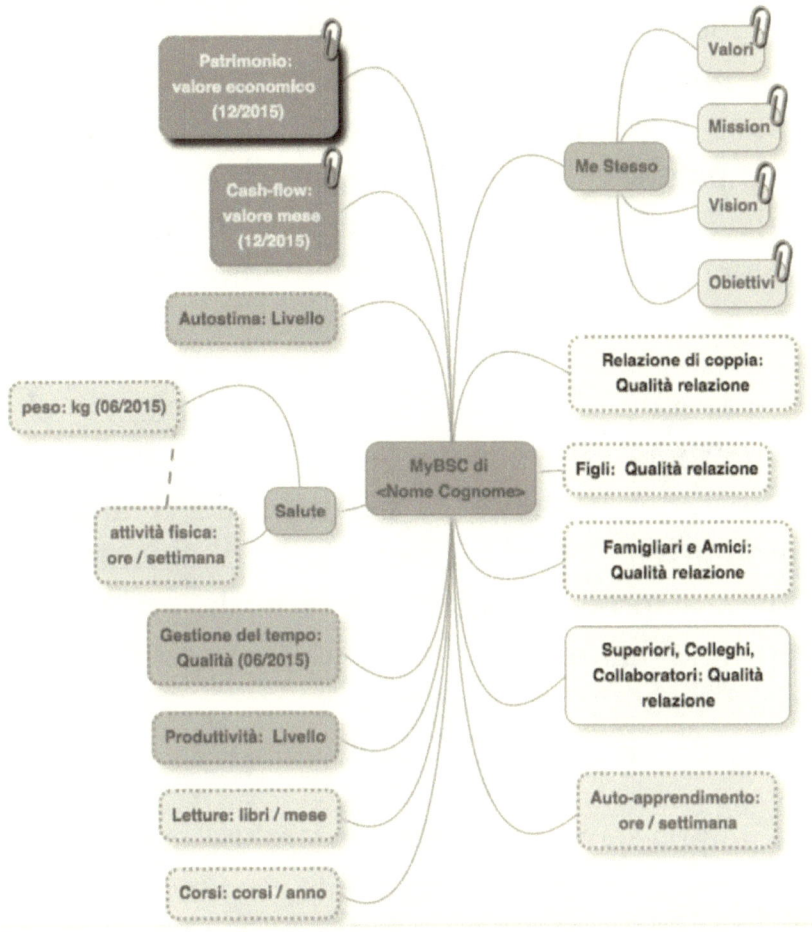

Figure 3: Un esempio di mappa strategica

La mappa può essere sviluppata in diversi modi. Questa sembra proprio sviluppata seguendo le quattro prospettive proposte da Kaplan e Norton: economica e finanziaria, dei clienti (i nostri stakeholder), dei processi, dell'innovazione rivisti secondo la proposta di Elena Salazar.

In questa mappa, le variabili cash flow e "patrimonio" (colore rosso) sono chiaramente di natura economica mentre, le variabili "compagna", "figli", "me stesso", "famigliari e amici", "superiori, colleghi, collaboratori" (colore giallo) sono chiaramente legati alla prospettiva del cliente.

Interessante è la variabile "autostima" che rappresenta il cliente interno. Le variabili "autostima", "salute", "gestione del tempo" e "produttività" (colore verde) sono chiaramente legate ai processi interni mentre, la prospettiva dell'innovazione e dell'apprendimento, comprende le variabili "letture", "corsi" e "autoapprendimento" (colore celeste).

La mappa, come vedremo, potrebbe essere stata sviluppata in modo totalmente diverso. La cosa importante, infatti, è che siano presenti tutte le variabili importanti e i legami tra i diversi fattori.

I legami ci aiutano a capire come i diversi aspetti sono collegati tra loro. Si può vedere, ad esempio, che il fattore critico di successo "attività fisica" è collegata al fattore "peso" in quanto anche intuitivamente se faccio molta attività fisica questo probabilmente avrà influenza sul mio peso.

Alcuni legami non sono indicati nella mappa per renderla più semplice ma è intuitivo ad esempio come alcuni fattori abbiamo influenza su diversi altri. Ad esempio riuscire a gestire in modo efficace il tempo, mi permette di migliorare diversi aspetti della mia vita. Se riesco a gestire in modo efficace il tempo, posso dedicarlo alla mia salute, alla mia compagna, ai miei figli, alle letture ecc.

Se in un diverso momento della vita, questa stessa persona decidesse di iscriversi a un Master in Business Administration (MBA) per ampliare le proprie conoscenze, probabilmente, nella prospettiva di apprendimento e innovazione troveremmo anche un ovale con la scritta "MBA". Se questa persona decidesse di puntare per la sua crescita e innovazione sulla sola partecipazione al master, la prospettiva di apprendimento e innovazione avrebbe la sola variabile "MBA".

Credo di essere riuscito a spiegarvi a questo punto cosa intendevo dicendo che la vostra MyBSC deve essere personale. Ora, a ciascuna variabile vanno associati degli indicatori che ci consentono di misurare l'andamento delle diverse variabili.

Per la variabile "MBA", gli indicatori critici di performance, potrebbero banalmente essere la media dei risultati ottenuti nei diversi moduli e il numero dei moduli superati su quelli previsti.

La variabile "flusso di cassa" potrebbe avere come indicatore il valore del flusso di cassa mensile, cioè la differenza tra le entrate e le uscite del mese.

La variabile "patrimonio" potrebbe avere come indicatore il valore economico del patrimonio.

Una variabile "tempo libero" può essere misurata in ore alla settimana.

Per misurare l'area della salute potremmo usare il nostro indice di massa corporea, il nostro peso, le ore a settimana dedicate ad attività sportive.

Le variabili della prospettiva del cliente potrebbero essere misurate in termini di qualità del rapporto con il relativo cliente. Si tratta di indicatori qualitativi che, come tali, non possono essere misurati in termini oggettivi. In questi casi potremmo utilizzare una semplice scala numerata di valori facili da valutare come:

1. Insoddisfacente.
2. Più male che bene.

3. Media.
4. Buona.
5. Eccellente.

Un'alternativa potrebbe essere misurare la qualità dei rapporti in termini di quantità di tempo dedicato a quel rapporto, anche se questo cattura solo alcuni aspetti della variabile. È tuttavia importante notare che ogni misura ha un costo. Utilizzare il tempo significa, ad esempio, tenere conto del tempo dedicato ai diversi rapporti. Scrivere delle stime potrebbe non essere tanto più oggettivo dell'utilizzo di una variabile qualitativa.

La variabile "me stesso", ossia il cliente interno, potrebbe essere misurata da indicatori di performance relativi all'autostima, alla spiritualità, anche essi stimati con misure di tipo qualitativo.

Per valutare la qualità del rapporto con i clienti potrei usare anche il valore del relativo conto corrente emozionale come suggerito da Covey: quando faccio qualcosa per quel particolare cliente, ad esempio un figlio, deposito nel conto corrente emozionale; quando mi comporto male sto prelevando dal conto corrente emozionale. Anche questa è tuttavia una misura qualitativa ma è certamente un buon modo di analizzare la qualità del rapporto.

La "produttività lavorativa" potrebbe avere indicatori che catturano i diversi aspetti della nostra professione: se sono un Program Manager potrei utilizzare dei parametri oggettivi che mi fanno capire come stanno procedendo i diversi progetti che fanno parte del mio programma, in termini di rispetto dei tempi, dei costi e dei parametri di qualità.

Attraverso la MyBSC, alcuni aspetti della vita privata vanno considerati assieme ad altri aspetti della vita professionale, come è giusto che sia, considerando quanto, in realtà, questi sono collegati nonostante i nostri sforzi per tenerli separati. Si tratta sempre della nostra vita.

Se ho dei problemi a casa, è difficile che questo non influenzi le mie prestazioni professionali. Se ho problemi sul lavoro è difficile che questo non influenzi anche la qualità dei rapporti con i miei cari: potrei essere irascibile, stanco, meno attento e sensibile a cogliere i cosiddetti segnali deboli che mi vengono comunicati dai miei cari.

Una variabile come "ricerca scientifica" potrebbe essere misurata in termini di valore della produzione scientifica: numero di pubblicazioni, presentazioni a conferenze, libri, brevetti.

Particolare attenzione merita il fattore "gestione del tempo". Come si può vedere anche dalla mappa strategica molte frecce escono da questo fattore per puntare verso altri fattori critici di successo. Questo significa che un miglioramento nella gestione del tempo ha un notevole impatto positivo in diversi altri fattori. La nostra capacità di gestire il tempo potrebbe essere misurata in termini di tempo dedicato settimanalmente alle pratiche di time management.

Potrei anche misurare questa variabile con il numero di eventi in cui mi rendo conto che la mia gestione del tempo non funziona come il numero di ritardi agli appuntamenti o addirittura di eventi importanti cui non sono riuscito a partecipare.

Più semplice è certamente misurare variabili come "letture" e "corsi" che potrebbero essere misurati come numero di libri o ebook letti al mese e numero di corsi frequentati nel corso dell'anno. Il fattore "autoapprendimento", potrebbe essere misurato in termini di tempo dedicato a quest'attività o di cose nuove imparate nel corso del mese.

Definiti gli indicatori, è importante valutarnee il valore corrente per poter stabilire un obiettivo in termini di target da raggiungere entro una determinata scadenza. Ora, nessun obiettivo si raggiunge automaticamente, solo per averlo definito e scritto nella nostra MyBSC. Per essere veramente efficaci è importante definire un piano che se eseguito ci permetterà di raggiungere l'obiettivo. Definiti il piano e le azioni concrete per raggiungere gli obiettivi, la nostra MyBSC è completa e pronta per essere utilizzata.

Name	Valore ▾	Obiettivo ▾
Relazione di coppia: Qualità relazione	3	4
Figli: Qualità relazione	3	4
Famigliari e Amici: Qualità relazione	3	3
Auto-apprendimento: ore / settimana	1	2
Patrimonio: valore economico (12/2015)	120000	130000
Cash-flow: valore mese (12/2015)	100	200
Autostima: Livello	4	4
peso: kg (06/2015)	90	85
attività fisica: ore / settimana	1	3
Gestione del tempo: Qualità (06/2015)	3	4
Produttività: Livello	3	4
Letture: libri / mese	0	1

Figure 4: Valori e obiettivi (Target)

In figura 4, ho riportato la tabella derivata dalla mappa strategica illustrata nelle pagine precedenti. Esaminatela con attenzione. Ora dovreste essere veramente pronti a costruire la vostra MyBSC personale.

Per costruire la vostra MyBSC affrontate uno a uno i diversi esercizi che vi ho proposto in questo capitolo, che ricapitolando, sono i seguenti:

1. Faiun'analisi SWOT personale.
2. Costruisci la tua scala dei valori.
3. Definisci la tua mission.
4. Costruisci la tua vision.
5. Preparala lista dei tuoi obiettivi.
6. Definisci le tue aree di interesse e collegale in modo da formare una mappa strategica.
7. Definisci gli indicatori.
8. Trasforma la tua mappa strategica nella tua MyBSC.

Riassumendo:

- Per costruire una MyBSC è molto utile fare un'analisi SWOT personale analizzando quali sono le nostre caratteristiche in termini di punti di forza e di debolezza e quali sono le caratteristiche dell'ambiente in cui viviamo cioè le opportunità e le minacce.
- È importante definire i nostri fattori critici di successo e costruire la nostra mappa strategica partendo da tutte le aree importanti della nostra vita.
- Scegliendo gli indicatori di performance per misurare i fattori critici di successo, è più semplice definire i nostri obiettivi e le azioni per raggiungerli e muoverci nella giusta direzione.

Come si utilizza la MyBSC

La MyBSC è, come vi ho detto, personale. Potrebbe essere molto semplice o più complessa, l'importante è che ci siano le vostre aree di interesse, i vostri fattori critici di successo, i vostri indicatori di performance.

Per costruire la vostra MyBSC potreste partire dalle quattro prospettive di Kaplan e Norton, ma potreste anche utilizzare solo tre prospettive oppure cinque. L'importante è definire variabili in ciascuna delle vostre aree di interesse.

Le prospettive, in quanto tali, sono delle guide che ci aiutano proprio ad evitare di costruire una MyBSC che catturi solo alcuni aspetti della nostra vita.

Come vedremo nel prossimo capitolo, ci sono stili diversi per costruire la vostra MyBSC. In questo paragrafo vorrei soffermarmi su un altro aspetto importante.

Abbiamo detto che gli obiettivi che ci prefissiamo devono essere SMART, quindi, motivanti e con una scadenza temporale. Il "prima o poi" non funziona in questi casi. Se gli obiettivi sono sfidanti e ci fanno uscire dalla nostra zona di comfort, potremmo infatti tentare di mettere in atto dei tentativi di pro-crastinare e i nostri obiettivi rimarrebbero dei sogni.

Definito un tempo per raggiungere i nostri obiettivi, per rendere sempre più concreta ed efficace la nostra MyBSC dobbiamo tener presente che per raggiungere ciascun obiettivo sono necessarie delle risorse.

Nel linguaggio aziendale, l'associare le necessità di risorse agli obiettivi e alle azioni definite nella BSC, prende il nome di budgeting ed è il momento in cui le informazioni strategiche contenute nella BSC si collegano alla vita di tutti i giorni. È proprio in questo momento che le BSC dimostrano la loro efficacia e la loro capacità di facilitare l'esecuzione della strategia.

In termini di MyBSC, questo significa semplicemente che devo riuscire a determinare il budget di risorse, non solo finanziarie, necessarie a mettere in atto i miei piani di azione. Ad esempio, la partecipazione a un corso per acquisire una competenza normalmente ha un costo monetario, un costo in termini di tempo ecc.

Se partecipo a un corso durante un week-end, non potrò fare altre cose che potrebbero essere importanti per la mia vita. In altri termini, le risorse sono limitate, soprattutto il tempo.

Questo ci fa anche capire come le diverse variabili siano collegate tra loro. La prospettiva economica ci può fornire importanti risorse per la nostra crescita personale e, viceversa, nuove competenze possono aiutarci a migliorare la nostra prospettiva finanziaria. In sintesi, ragionare anche in termini di risorse può aiutarci a rendere sempre più concreta ed efficace la nostra MyBSC.

La MyBSC va utilizzata in un ciclo di miglioramento continuo ragionando anche in termini di risorse per renderla sempre più concreta ed efficace.

La gestione del cambiamento nello sviluppo personale

Se non attiviamo un processo di cambiamento otterremo sempre gli stessi risultati. Spesso viviamo in una zona di comfort che ci dà qualche sicurezza ma non ci rende veramente felici e appagati. Tendiamo a non cambiare perché abbiamo paura delle difficoltà, anche se, è naturale, che tutte le cose siano difficili prima di diventare facili.

Se vogliamo migliorare, dobbiamo prima chiarire a noi stessi ciò che vogliamo migliorare e soprattutto perché vogliamo cambiare. Non dobbiamo poi dimenticare che decidere significa anche recidere, cioè eliminare le alternative. Non-decidere, invece, significa che gli altri, o semplicemente gli eventi, lo faranno per noi che non saremmo più padroni del nostro destino.

L'utilizzo di un metodo e di uno strumento come la MyBSC, presenta diversi aspetti critici da affrontare che vanno dalla semplice definizione della vostra MyBSC al suo utilizzo in un ciclo di miglioramento continuo.

La MyBSC è uno strumento e iniziare a utilizzarlo rappresenta un grosso cambiamento. Non ci sono coach che ci possano insegnare magicamente, in poche ore, a utilizzare questo metodo, anche se, un coach ci può aiutare a implementare la mappa e a usarla nel modo corretto. Il metodo coinvolge un cambiamento importante del nostro modo di pensare e agire.

Per la gestione di questo cambiamento, possiamo utilizzare i suggerimenti che diversi coach di fama mondiale ci propongono. Si tratta di cambiare i nostri paradigmi di base e il requisito principale per questo tipo di operazioni è essere coscienti che il nostro destino dipende in larga misura da noi stessi.

Come nelle aziende, anche dentro a noi ci sono yes butters e why notters, ossia "resistenze e spinte al cambiamento". Le vecchie abitudini vanno sostituite gradualmente con le nuove. Dobbiamo prendere coscienza dei limiti rappresentati dalle vecchie abitudini e sostituirle con nuove abitudini potenzianti. Per riuscire a cambiare dobbiamo imparare a:

- non permanentizzare (nessuna situazione è per sempre e non può essere migliorata);
- non personalizzare (non è che capitano tutte a me, la vita è complessa per tutti);
- non pervasivizzare (aspetti negativi o insuccessi in un'area non necessariamente coinvolgono tutta la nostra vita).

Dobbiamo poi partire dalla consapevolezza della necessità di cambiare, rompere lo schema sostituendolo con un'alternativa potenziante (la MyBSC ci può aiutare) ed infine procedere al condizionamento rendendo il ciclo plan-do-act-challenge e l'utilizzo della MyBSC una consuetudine.

Non dobbiamo poi avere fretta. Dobbiamo essere determinati. Se non raggiungiamo un obiettivo nei tempi previsti, dobbiamo riprovarci, studiando eventualmente un piano alternativo e aumentando la nostra determinazione.

Utilizzare la MyBSC rappresenta un grosso cambiamento che va gestito per superare la nostra naturale resistenza e rendere il ciclo plan-do-act-challenge una consuetudine.

Un esempio personale può aiutarvi a capire a cosa mi riferisco. Dal momento in cui ho capito che la gestione del tempo rappresentava un mio problema, ed ho deciso di affrontarlo e risolverlo utilizzando un metodo, ci sono voluti almeno due anni per ottenere risultati apprezzabili. Le nostre abitudini, spesso le brutte abitudini, sono dure a morire.

La revisione periodica della MyBSC

Uno dei principi fondamentali del self-management è mantenere un equilibrio tra controllo e prospettiva ossia, tra la capacità di gestire gli eventi man mano che ci si presentano di fronte, e gestire la nostra vita in modo strategico guardando alla nostra mission.

Meglio passare più tempo possibile con elevato controllo ed elevata prospettiva. Dobbiamo essere un po' come il comandante di una nave, cioè guidare la nostra nave con sguardo all'orizzonte e attenzione alle onde per mantenere la rotta. Dobbiamo seguire la rotta, ma essere pronti ad apportare ogni correzione si renda necessaria.

In questo senso, la MyBSC è uno strumento formidabile per mantenere la prospettiva, da utilizzare in combinazione con i diversi strumenti per mantenere il controllo come ad esempio gli strumenti per la gestione del tempo.

La MyBSC, in quanto tale, va rivista periodicamente. Dobbiamo rivalutare il nostro stato, il valore degli indicatori ed essere pronti a cambiare strada qualora ci rendessimo conto che il piano d'azione che abbiamo seguito non porta ai risultati sperati.

La frequenza di aggiornamento della MyBSC dipende dagli obiettivi della revisione. Se è opportuno ripensare a mission e vision almeno annualmente, gli obiettivi vanno rivalutati e ricalibrati almeno ogni trimestre mentre, le diverse aree di focalizzazione, le variabili e gli indicatori vanno rivaluti almeno mensilmente. In definitiva, dobbiamo riprendere in mano la nostra MyBSC almeno una volta al mese o tutte le volte in cui un cambiamento significativo o semplicemente il nostro istinto ci suggerisce di farlo.

La nostra MyBSC va rivista almeno ogni mese e comunque tutte le volte in cui il nostro istinto ci suggerisce di farlo.

Riassumendo:

- La MyBSC va utilizzata in un ciclo di miglioramento continuo ragionando anche in termini di risorse per renderla sempre più concreta ed efficace.
- Utilizzare la MyBSC rappresenta un grosso cambiamento che va gestito per superare la nostra naturale resistenza e rendere il ciclo plan-do-act-challenge una consuetudine.
- La nostra MyBSC va rivista almeno ogni mese e comunque tutte le volte in cui il nostro istinto ci suggerisce di farlo.

MyBSC e altri metodi di crescita e sviluppo personale

Diversamente dall'uso più tradizionale in ambito aziendale e, dagli approcci esaminati nei capitoli precedenti sullo stato dell'arte delle Personal Balanced Scorecard, il metodo della MyBSC parte da un'intuizione multidisciplinare. La Balanced Scorecard non viene utilizzata in connessione alle performance aziendali, ma per lo sviluppo "manageriale" della persona.

Si tratta di uno strumento che può essere utilizzato in combinazione con le altre tecniche di coaching, per aiutarci a migliorare e a governare i diversi aspetti della nostra vita, alla ricerca della felicità. Il metodo MyBSC pone inoltre l'accento sui processi: sia quello di creazione e implementazione che sul loro successivo utilizzo.

È interessante, inoltre, notare la connessione della MyBSC con diverse metodologie e approcci allo sviluppo personale.

Esamineremo queste analogie nei paragrafi di questo capitolo. Alcune di queste metodologie possono essere, infatti, viste semplicemente come stili diversi di MyBSC e aiutarci ancora a costruire al meglio la nostra MyBSC personale.

La MyBSC alla Robbins

Notevoli sono i punti di convergenza tra quanto proposto da Anthony Robbins e la MyBSC. Per cominciare, Robbins ci parla della necessità di definire una mission, una vision, un sistema dei valori, degli obiettivi motivanti, specifici, con una scadenza temporale. Secondo Robbins, ci muoviamo perché spinti dai bisogni: possiamo quindi organizzare una MyBSC sulla base dei bisogni, soddisfacendoli con esperienze produttive.

Il principio OSA (Obiettivo, Scopo, Azione), inoltre, pervade il metodo MyBSC, sia come principio generale che nella struttura di una linea dove dalle variabili si passa agli indicatori, ai target, alle scadenze e ai piani di azione.

Lo scopo in una MyBSC è in parte implicito in quanto, in generale, si sottolinea l'importanza del bilanciamento tra le diverse variabili, e in parte esplicito, nella mappa strategica e in particolare, nelle dipendenze delle variabili che gettano luce sulle potenziali conseguenze delle nostre azioni.

La convergenza più marcata si presenta quando Robbins parla della "ruota della vita". Robbins suggerisce di focalizzarsi nelle diverse aree della nostra vita e rileva che, migliorare una di queste, in genere, ha la conseguenza di migliorare anche gli altri aspetti della nostra quotidianità.

Tra le aree rilevanti su cui focalizzarsi Robbins include lavoro, finanze, salute e fisico, mente e spirito, emozioni, amicizie e divertimento, famiglia, rapporto di coppia ecc. Robbins suggerisce inoltre di valutare la qualità delle diverse aree assegnando a ciascuna un punteggio da 1 a 10 e, di rappresentare i risultati in un diagramma a stella. Collegando i punteggi quello che otteniamo è la ruota della nostra vita, illustrata attraverso un esempio nella figura che segue.

Se, collegando i diversi punti, otteniamo un qualcosa che assomiglia a un cerchio, allora siamo in una situazione di bilanciamento. Secondo Robbins il bilanciamento è necessario e in genere, i punteggi bassi, si otterranno nelle aree in cui non siamo focalizzati. Per migliorare, possiamo quindi focalizzarci sulle aree a punteggio basso. E non è questa una forma seppur semplificata di MyBSC? Io direi proprio di sì.

Figure 5: Un esempio di ruota della vita

C'è una notevole somiglianza tra la MyBSC e la cosiddetta "ruota della vita" utilizzata da Anthony Robbins.

Robbins suggerisce poi di imparare a far lavorare insieme emisfero destro, il nostro "genio della lampada", ed emisfero sinistro, capace di stabilire tempi e priorità e di utilizzare il potere della visualizzazione per sfruttare il SAR (Sistema di Attivazione Reticolare). Certamente tutto questo è molto utile, come abbiamo già osservato più volte, sia nella fase di progettazione che nella fase di esecuzione di una MyBSC.

Per imparare a usare la MyBSC posso inoltre usare il metodo proposto da Robbins con l'acronimo CRAC (Consapevolezza, Rottura, Alternativa, Condizionamento): la MyBSC è uno strumento alternativo che, una volta raggiunta la consapevolezza di voler migliorare la nostra vita, ci consente di rompere con il passato abituandoci a misurare le nostre prestazioni e a migliorarci in un ciclo continuo.

Infine, per Robbins e altri coach di successo suoi collaboratori come Roy Martina, non si può avere tutto dalla vita, ma molto sì e, a piccoli passi, si possono scalare le montagne.

La MyBSC alla Covey

Notevoli sono anche i punti di convergenza tra quanto proposto da Stephen Covey e la MyBSC. Per cominciare, secondo Covey, per fare grossi cambiamenti nelle nostre vite dobbiamo lavorare su noi stessi e cambiare i nostri paradigmi di base, il nostro carattere. Il carattere è un insieme di abitudini. Un'abitudine è un insieme di conoscenze (che chiama what, che vuol dire cosa), skill e abilità (che chiama how, che significa come), motivazioni (che chiama why, che vuol dire perché).

Covey definisce l'efficacia come il bilanciamento, l'equilibrio tra produzione e capacità produttiva e descrive in un suo famoso best-seller, le sette abitudini degli uomini di successo.

Ora, sarebbe fuori dallo scopo di questo capitolo una trattazione approfondita del testo di Covey. Mi limiterò quindi a elencare brevemente le sette abitudini proposte da Covey.

Le prime tre, che indicheremo in forma sintetica con H1, H2 e H3 per potervi fare riferimento in seguito, sono:

- H1: Be proactive: cioè sii proattivo, prendi l'iniziativa;
- H2: Begin with the end in mind: cioè inizia avendo in mente dove vuoi arrivare;
- H3: Put first things first: cioè metti per prime le cose importanti.

H1, H2 e H3 ci permettono di passare dalla dipendenza all'indipendenza, sono considerate private victories, cioè "vittorie private", poiché riguardano la sfera personale. La prima, H1, ha a che fare con il determinismo, la necessità di assumerci totalmente la responsabilità della nostra vita e agire. La seconda, H2, ha a che fare con la necessità di determinare la propria mission e la propria vision. La terza, H3, ha a che fare con la gestione del tempo.

Le seconde tre, che indicheremo con H4, H5 e H6, possono essere assunte solo dall'uomo indipendente e ci permettono di percorrere il cammino dell'interdipendenza, considerato che la vita è uno sport di squadra.

Queste abitudini, che possono essere considerate public victories in quanto riguardano la sfera pubblica sono:

- H4: Think win-win: cioè pensa vinci-vinci;
- H5: Seek first to understand then to be understood: cioè cerca prima di comprendere e poi di essere compreso;
- H6: Synergize: cioè cerca le sinergie.

Secondo Covey l'indipendenza è una conquista e l'interdipendenza è una scelta che solo le persone indipendenti possono fare. Se non siamo indipendenti e non abbiamo acquisito le prime tre abitudini (H1, H2, H3) è molto rischioso cercare di sviluppare delle buone relazioni. Possiamo provare, ma nelle difficoltà non avremo gli strumenti di base per continuare a fare funzionare la relazione.

Una relazione interdipendente produce risultati che possono essere immaginati come uova d'oro. Ma, per ottenerli, dobbiamo occuparci giorno per giorno della gallina cioè della relazione, che dobbiamo saper nutrire.

L'ultima, che indicheremo con H7, è l'abitudine al rinnovamento e al miglioramento continuo che deve riguardare sia la dimensione fisica (che indicheremo con P) che la dimensione spirituale (che indicheremo con S), quella mentale (che indicheremo con M) e quella sociale ed emozionale (che indicheremo con E).

Ora, tornando alla MyBSC, è evidente che ci serve l'abitudine H1 (be proactive) per decidere di usare la MyBSC, l'abitudine H2 (begin with the end in mind) per progettare la nostra MyBSC. Ci serve poi l'abitudine H3 (put first things first) per usare la MyBSC, considerato che dobbiamo trovare del tempo per organizzarci e anche per rivederla periodicamente.

Ma è anche vero il viceversa, perché usando la nostra MyBSC avremo un modo più semplice per determinare le nostre priorità, capire quali sono le cose importanti, e quali quelle meno importanti.

Le abitudini H4, H5, H6 saranno invece utilissime per determinare piani d'azione efficaci e quindi per la parte attiva della nostra MyBSC. L'abitudine H7, infine, fa parte della stessa filosofia della MyBSC: misurare le nostre prestazioni nelle diverse aree di responsabilità e migliorare in un processo iterativo.

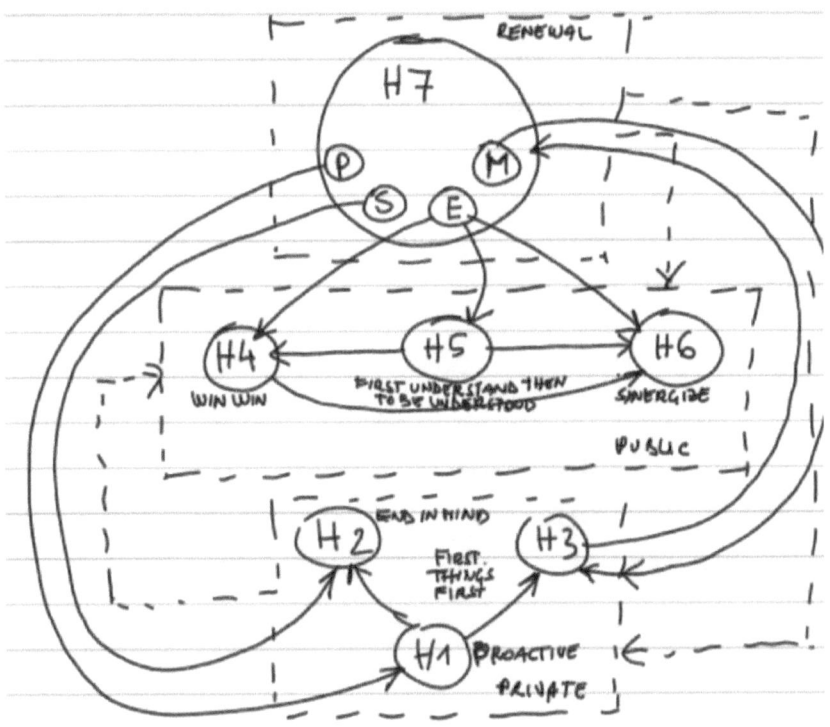

Figure 6: La mappa strategica secondo Covey.

La figura precedente è una MyBSC pensata alla Covey. In altri termini, le variabili sono le nostre prestazioni nelle diverse abitudini proposte da Covey. I legami, altro non sono, che le dipendenze esistenti tra le diverse abitudini di Covey.

È possibile organizzare una MyBSC che utilizza le sette abitudini degli uomini di successo proposte da Stephen Covey.

Un modo per organizzare la nostra MyBSC potrebbe essere proprio quello di utilizzare questa mappa e poi, personalizzare la sola parte relativa agli indicatori e ai piani di azione.

Riassumendo:

- C'è una notevole somiglianza tra la MyBSC e la cosiddetta "ruota della vita" utilizzata da Anthony Robbins.
- È possibile organizzare una MyBSC che utilizza le sette abitudini degli uomini di successo proposte da Stephen Covey.

Strumenti software per la MyBSC

Incominciamo subito a farci una domanda chiave. Quanto sono veramente importanti gli strumenti informatici per la tua MyBSC? La mia opinione è che gli strumenti informatici siano certamente utili, ma sicuramente non indispensabili. Non sono importanti gli strumenti ma, quello che vogliamo raggiungere e la nostra determinazione.

In altri termini è importante il contenuto della vostra MyBSC. I diversi passi del metodo e quello che avete scoperto di voi stessi seguendolo. E se ve lo dice un informatico come me, vi potete fidare.

Gli strumenti informatici sono utili ma sono molto più importanti il contenuto, quello che vogliamo raggiungere e la nostra determinazione.

Il sofware ideale per la tua MyBSC

Come nel caso del project management, esistono diversi applicativi disponibili anche a titolo gratuito che è possibile utilizzare per realizzare una BSC. Una MyBSC è in fin dei conti una BSC. Tutti gli aplicativi software che vi permettono di creare una BSC possono essere utili allo scopo. Chiaramente, molte delle caratteristiche presenti in un software per la realizzazione di una BSC aziendale non vi sono utili per una MyBSC. Il problema è, come sempre, scegliere il giusto compromesso tra funzionalità e complessità d'uso.

Inoltre, nessun applicativo è in grado di pensare al posto nostro e realizzare magicamente la nostra BSC. Allo stesso modo, l'utilizzo di Microstoft Project™ o di ProjectLibre™ non sono, di per sé, una garanzia che un progetto sia pianificato e gestito correttamente.

Per fare questo, un foglio o, al limite, alcuni fogli A4 possono essere sufficienti:

- un foglio per definire la strategia (fare l'analisi SWOT, definire mission, vision e sistema dei valori);
- un secondo foglio per realizzare la vostra mappa strategica partendo dai fattori critici per il vostro successo;
- un terzo foglio per la tabella vera e propria con gli indicatori, gli obiettivi, le scadenze, i piani di azione e il resto.

Potreste utilizzare ad esempio un qualunque programma per la scrittura di testi per realizzare il primo foglio, un applicativo per fare della grafica vettoriale o più semplicemente per preparare delle presentazioni per il secondo foglio e infine un foglio elettronico per la tabella.

Le caratteristiche del software ideale per la tua MyBSC

Ma quali sono le caratteristiche ideali di un software per una MyBSC? Io penso che il giusto compromesso tra funzionalità e complessità d'uso deve avere le seguenti caratteristiche:

- permetterti di scrivere tutta e solo l'informazione necessaria per costruire la mia MyBSC personale e successivamente utilizzarla;
- essere semplice da usare, fornirti feedback visivi sui risultati delle azioni e seguire gli altri principi di utilizzabilità del software;
- essere facilmente accessibile e disponibile in qualunque momento tu decida di dedicarti a questa attività;
- permetterti di condividere i contenuti con una terza persona, ad esempio un coach.

Il software ideale per la nostra MyBSC deve rappresentare un giusto compromesso tra complessità delle funzionalità e facilità d'uso, deve essere facilmente accessibile e

condivisibile per facilitare il supporto di un coach.

In questo momento io sto utilizzando un software per la creazione di mappe mentali online che si chiama MindMup™. Il software è accessibile direttamente dal vostro programma di navigazione su Internet ed ha come unico requisito quello di disporre di una connessione ad Internet. Può quindi essere utilizzato da qualsiasi device che sia il vostro PC o il vostro smartphone e i documenti con esso prodotti sono esportabili in diversi formati e facilmente condivisibili.

Una mappa mentale è ideale per realizzare la vostra mappa strategica ma anche per aggiungere nella stessa pagina la vostra mission, la vostra vision, il sistema dei valori, la swot, etc. Si procede partendo da un nodo centrale e creando dei rami secondari che portano a concetti collegati da cui si possono dipartire altri concetti e così via. A ciascun nodo è possibile aggiungere un allegato. Nell'allegato potete aggiungere quello che volete come l'elenco dei valori, i piani d'azione, altre informazioni utili. La figura seguente illustra come si presenta l'interfaccia di MindMup™.

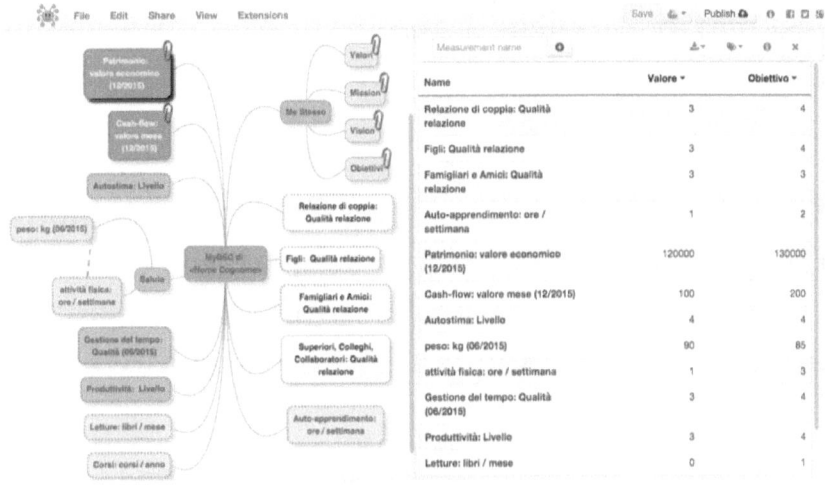

Figure 7: Come si presenta MindMup.

Avrete certamente riconosciuto la mappa e la tabella dei capitoli precedenti. Notate anche che i nodi possono essere colorati. Io utilizzo il colore per distinguere i nodi nelle diverse prospettive. La graffetta indica simbolicamente la presenza di un allegato. La cosa veramente interessante è la possibilità di aggiungere ai nodi delle misure. Ho quindi definito come misure il Valore corrente e l'Obiettivo e voilà ecco la tabella pronta per ogni nodo indicatore. Un'alternativa al procedimento appena descritto consiste nell'accedere al blog http://my-bsc.blogspot.com, dedicato alla MyBSC e in particolare alla pagina "software". Si tratta di un template Google Docs™ organizzato su tre fogli che utilizzavo qualche tempo fa, prima di passare a MindMup™. In entrambi i casi, non sarà necessaria alcuna installazione poiché l'applicazione sarà eseguita direttamente nel vostro programma di navigazione Internet.

Una documento MindMupTM o un template Google DocsTM sono sempre accessibili, stampabili, esportabili, utilizzabili anche attraverso uno smarth phone e condivisibili con un personal coach.

Riassumendo:

- Gli strumenti informatici sono utili ma sono molto più importanti il contenuto, quello che vogliamo raggiungere e la nostra determinazione.
- Il software ideale per la nostra MyBSC deve rappresentare un giusto compromesso tra complessità delle funzionalità e facilità d'uso, deve essere facilmente accessibile e condivisibile per facilitare il supporto di un coach.
- Una documento MindMupTM o un template Google DocsTM sono sempre accessibili, stampabili, esportabili, utilizzabili anche attraverso uno smarth phone e condivisibili con un personal coach.

Conclusione

Questa pubblicazione è dedicata alle Balanced Scorecard personali e in particolare alla MyBSC e alla relativa metodologia di costruzione e utilizzo dello strumento delle Balanced Scorecard, tradizionalmente utilizzato per il controllo strategico delle aziende, per guidare lo sviluppo e la crescita personale.

Dopo una breve introduzione alle Balanced Scorecard utilizzate in ambito aziendale come strumento per eseguire la strategia, abbiamo analizzato diverse tipologie di Personal Balanced Scorecard, ossia di Balanced Scorecard personali.

Abbiamo quindi introdotto la metodologia MyBSC guidando passo passo il lettore verso la creazione e il successivo utilizzo della sua MyBSC personale.

Abbiamo parlato di alcuni aspetti pratici della messa in funzione della MyBSC personale e dei diversi stili con cui una MyBSC può essere realizzata. Infine, abbiamo presentato un semplice strumento software utilizzabile gratuitamente per costruire e poi utilizzare la vostra MyBSC.

È importante comunque sottolineare come lo sviluppo di una Balanced Scorecard personale non possa prescindere da una grande fiducia in noi stessi, da una volontà di guardare con positività al futuro, da una grande passione in quello che facciamo e dalla continua spinta a migliorarci.

Si tratta di una sfida e gli stessi obiettivi che ci porremo così come anche i piani per raggiungerli, saranno delle sfide. Man mano che raggiungeremo nuovi traguardi e risultati, acquisiremo sempre più fiducia in noi stessi. Gli stessi obiettivi saranno definiti in base alla nostra capacità di leggere il futuro imparando dal passato.

La leadership è uno sport di squadra, e la nostra MyBSC dovrà prevedere diverse aree corrispondenti ai diversi ruoli e relazioni che fanno parte della nostra vita.

Tutto ciò non potrà prescindere dai nostri valori: come la gente vuole conoscere i valori dei leader che segue, così noi abbiamo bisogno di riflettere sui valori che ci guidano prima di partire a costruire la nostra MyBSC.

Cambiare e migliorarsi tuttavia non è un processo semplice, richiede tempo, determinazione, feedback esterni e può trarre grande giovamento dall'aiuto di un coach che ci possa guidare lungo il cammino. Questi strumenti, per quanto utili, vanno sempre considerati come strumenti e nessuno strumento, per quanto valido, può fare il lavoro per noi: ci può solo aiutare a farlo meglio e più in fretta.

Una metodologia nuova come la MyBSC non può che continuare a evolvere e migliorare. Per questo ho realizzato un blog accessibile al seguente indirizzo: http://my-bsc.blogspot.com, che potrete visitare per rimanere sempre aggiornati su tecniche, trucchi e consigli per utilizzare al meglio la vostra MyBSC.

Bibliografia

Libri consigliati

Roberto Re, *Leader di te stesso*, Mondadori, 2006.

Stephen R.Covey, *The 7 Habits of Highly Effective People*, 1990.

Kaplan R, Norton D, *Balanced scorecard tradurre la strategia in azione*, Isedi, 2003

Brian E. Becker, Mark A. Huselid, David Ulrich, *The HR scorecard: linking people, strategy, and performance*, 2001

Anthony Robbins, *Come migliorare il proprio stato mentale, fisico e finanziario*, Bompiani, 1992.

Richard Bandler, *Il tempo per cambiare*, NLP Italy, 2003.

Marshall Goldsmith, Mark Reiter, *Ciò che ti ha Portato qui non ti Farà Andare Avanti*, Tea libri, 2008.

Siti web consigliati

http://it.wikipedia.org/wiki/Sistema_complesso

http://www.reliability.com/industry/articles/Jun_12_08_Creating%20your%20PBSC_ES%20(2).pdf

http://www.biz-consultant.net/downloads/personalbalancedscorecard.pdf

http://www.think-differently.org/2007/09/8-steps-to-developing- and-using-your.html

http://www.marshallgoldsmithlibrary.com/docs/ThoughtLeaders/Rampersad/Personal-Management.doc

http://www.marshallgoldsmithlibrary.com/docs/ThoughtLeaders/Rampersad/why-your-employees.doc

http://it.wikipedia.org/wiki/Bisogno

http://www.worldwork.biz/legacy/www/docs2/tip.phtml

http://en.wikipedia.org/wiki/Getting_Things_Done